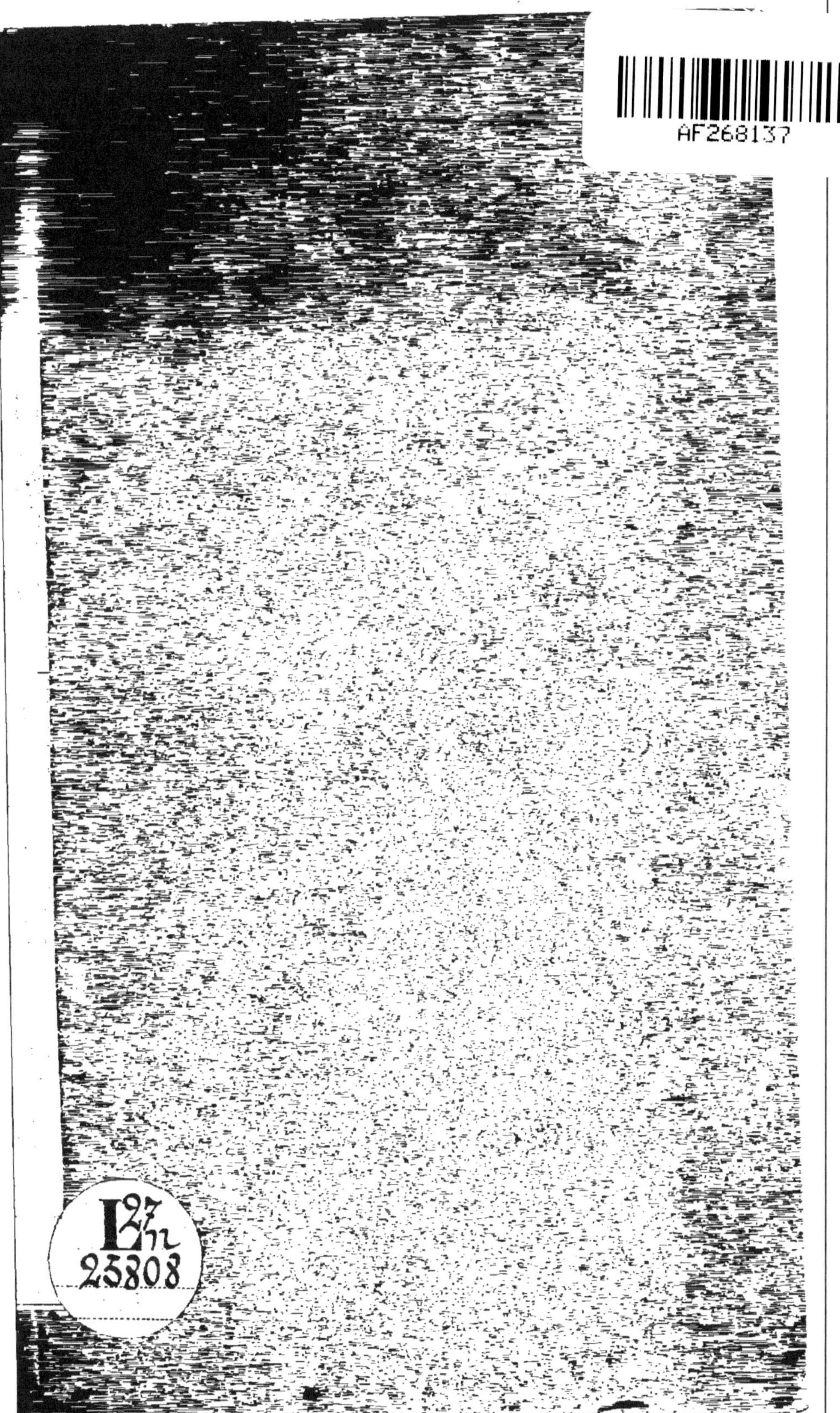

AF268137

DISCOVRS VERITABLE DE CE QVI EST

aduenu a trois blaphemateurs ordinaires du nom de Dieu, iouans aux cartes
dans vn cabaret, diſtãt de quatre lieues
de Perrigeur ſur le grand chemin de
Bordeaux.

A ENGOVLESME

Par Olliuier de Miniere.

1600.

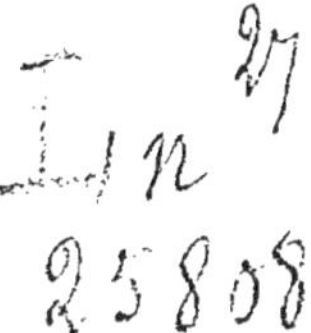

DISCOVRS VERITABLE

De ce qui est aduenu a trois blaphemateurs ordinaires du nom de Dieu, iouans aux cartes dans vn cabaret, distant de quatre lieues de Perrigeur.

'EST chose tres-certaine et asseuree, que Dieu chatie les meschans, quoy qu'il tarde, et signanment ceux qui perseuerent en leurs malefices, et ne s'en veulent desister quelques remonstrances, admonitions et menaces qu'on leur face, comme vous pourrez voir la par le present discours. Comme trois ieunes hommes de leur enfance mal nourris et instruits en la crainte de Dieu, frequentoyent ordinairement plustost les tauernes et cabarets, que les Eglises et Colleges ou s'acquiert la vertu.

Iceux estans dans vn cabaret, distant de quatre lieues de Perrigeur, sur le grand chemin de Bourdeaux, iouans aux cartes selon leur bonne coustume et par la permission de l'Hoste qui ne valoit pas plusqu'eux. Aduint qu'en leur ieu, ilz se mirent en dispute, tellement qu'il n'y a forme et especes de blasphesmes desquels on vse en la plus grand partie de la Crestienté, au grand deshonneur de Dieu, et ruyne totale de ceux qui en vsent, que ceux cy ne missent en auant, et ne restoit plus pour atteindre la couronne des detestables blaphemateurs, que le lacquais de l'Italien, lequel le Maistre forçoit apres auoir perdu son argent au ieu, de luy ayder à blasphemer Dieu, et à inuenter d'aultres especes de blasphemes pour plus despiter la Maiesté diuine. Sur ses disputes suruint en ce cabaret vn homme qui sembloit estre de qualité, lequel demande à l'Hostesse vne chambre à part pour repaistre, ce qu'elle fit : ou l'ayant mené, il luy dit : Madame, vous ne deuriez point permettre telles gens en vostre maison : car mal vous en aduiendra, à quoy elle s'excuse disant qu'elle n'estoit pas Maistresse, et que son mary leur permettoit, auquel elle ne pouuoit contredire : Toutesfois elle s'en alla vers eux, et leur remonstra doucement qu'ilz se deportassent de tant crier et iurer, et qu'il y auoit vn homme d'honneur au logis qui les entendoit, qui ne trouuoit pas leurs criemens, iuremens beaux, et les prioit bien fort qu'ilz fussent plus modestes. Mais tant s'en fault qu'ilz voulussent entendre à la priere et remonstrance de l'Hostesse, qu'au contraire ilz se prindrent plus fort a crier et redoubler leurs iuremens et blasphemes, qu'il estoient la pour leur argent, et qu'il n'auoyent que faire de respecter personne : bref qu'ils ne craignoyent ne Dieu ny Diable. La chambriere qui auoit mis vne seruiete sur la table en la chambre ou estoit cest homme, estant de retour portant du pain et du vin, ne trouue personne, que la seruiette qui estoit sur la table toute trempee en sang, dequoy esmerueillee apella sa Maistresse, qui bien estonnee ne sçauoit que penser, et en fin voulant tenir la chose secrette, dict à sa chambriere qu'elle s'en allast secrettement lauer ceste seruiette en vn petit ruisseau qui estoit la pres, qu'elle fit, ou estant elle trouua cest homme qui s'estoit disparu de son logis, qui luy demenda qu'elle alloit faire la, elle luy conta le tout, car elle le recogneut fort bien. Lors il luy dit ne passe point outre, mais t'en retourne à ton logis, et ne faux pas, si tu ne veux mourir, de presenter ceste seruiette ainsi qu'elle est, deuant ces ioueurs, lesquels tu trouueras ou tu les as laissez. La chambriere fit ainsi que luy auoit dit cest homme, et a l'instant quelle eut ietté ceste seruiette sur la table, ou iouoient ces renieurs de Dieu, ilz furent rendus muets, et perclus de tous leurs membres, lesquels auoient consenty a leurs maudits et detestables blaphemes.

Voila le commencement de leur salaire en ce monde, attandant leur derniere recompense aux Enfers, si Dieu ne les regarde de l'œil de sa misericorde. Ie sçay bien qu'aucuns tiendront cecy pour fable, mesmement ceux de leur secte, mais qu'ils le prenent comme ils voudront, car il ne faut point douter qu'il n'y aye des blaphemateurs du nom de Dieu en ce Royaume, en trop grand nombre autant ou pires que ceux cy desquelz il est faict mention en ce present discours, et qu'il ne fault qu'ils pensent que la punition qu'ils doiuent vn iour receuoir, quoy qu'il tarde, soit vne fable, car il la santiront à la verité s'il ne s'amandent. Dieu leur en face la grace, Amen.

F I N.

Il existe de cette petite pièce rare une contrefaçon, publiée en Quercy, avec le nom dénaturé de notre imprimeur angoumoisin, dans laquelle le fait se passe près de Montauban, entre *sept* blasphémateurs, au lieu de *trois*. En voici le titre, d'après le *Manuel* de M. Brunet (5ᵉ édit., tome II, col. 756) :

« DISCOURS véritable de ce qui est advenu à Sept blasphémateurs du nom de Dieu, jouant aux cartes et aux dez dans un cabaret, distant de deux lieues de Montauban, sur le grand chemin de Toulouse. *Jouxte la copie imprimée à Cahors en Carcy, par Olivier de Ménière, 1601, pet. in-8°, de 4 ff.* »

ED. SÉNEMAUD.

Paris.—*Imprimé chez Bonaventure et Ducessois*
55, *quai des Augustins.*

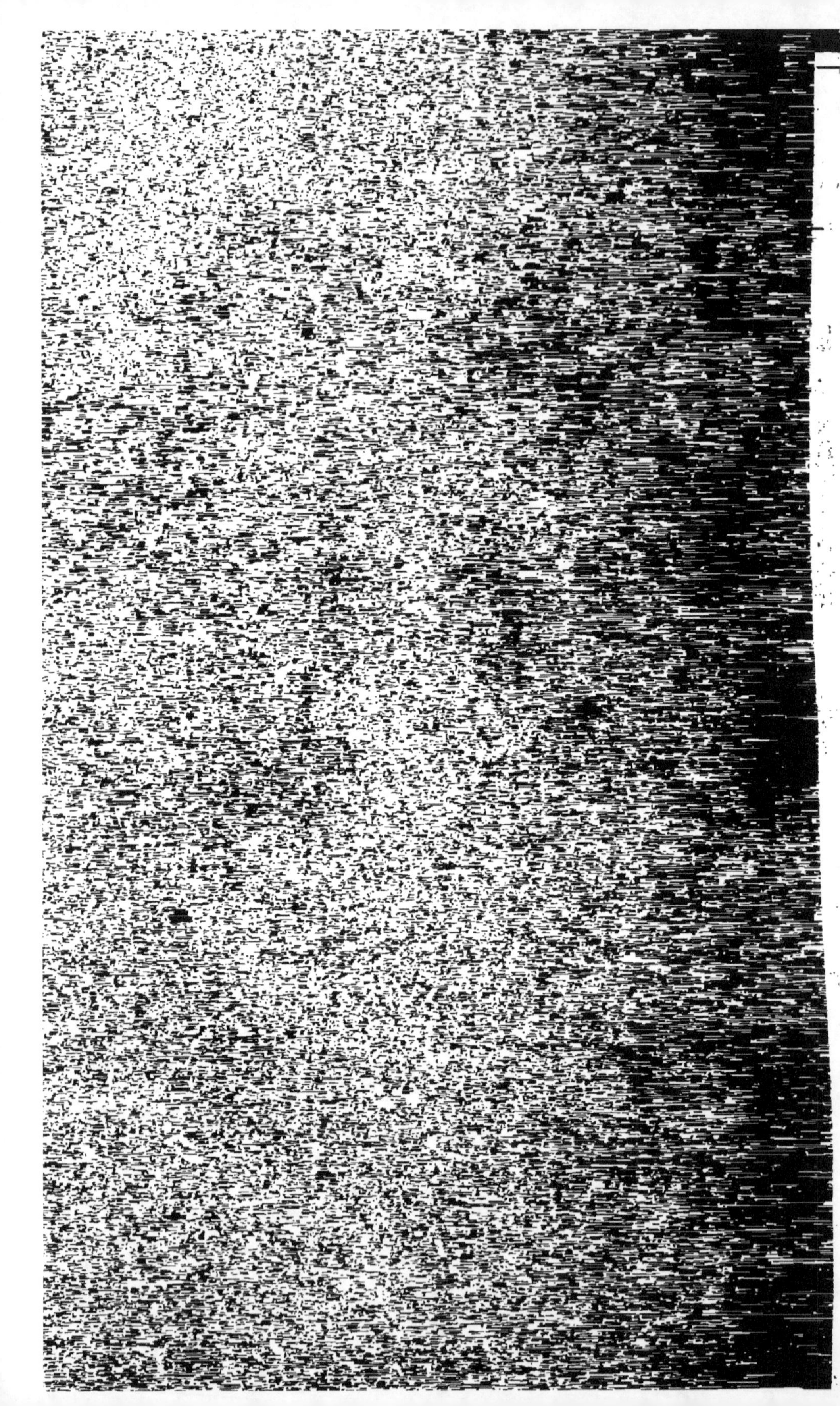